Daniela Wakonigg, 1973 in Münster/Westfalen geboren, studierte Philosophie und Theologie und absolvierte eine autodidaktische Fortbildung zur Pastafariologin. Sie arbeitet als freie Journalistin und Autorin. 2017 erschien bei Alibri ihr Buch *Das Fliegende Spaghettimonster: Religion oder Religionsparodie?*

Joachim Sohn, 1968 in Wiesbaden geboren, studierte Philosophie und Filmwissenschaft und ist ausgebildeter Animationsdesigner. Hauptberuflich arbeitet er als Animation Director für die Werbeindustrie, seit 2010 ist der überzeugte Humanist und Skeptiker auch als Autor tätig.

Alibri

Alibri Verlag GmbH
www.alibri.de

Erste Auflage 2023

Druck und Verarbeitung: Dardedze Holografija, Riga
Umschlag: Claus Sterneck
Titelgrafik: Joachim Sohn

ISBN 978-3-86569-391-4

DAS FLIEGENDE SPAGHETTIMONSTER

DIE KINDERBIBEL

DANIELA WAKONIGG

JOACHIM SOHN

Editorischer Hinweis

Die Wiedergabe zentraler Glaubensinhalte des Pastafarianismus orientiert sich teilweise am englischen Originaltext *The Gospel of the Flying Spaghetti Monster* (Random House / Harper Collins 2006), teilweise an der deutschen Einheitsübersetzung *Das Evangelium des Fliegenden Spaghettimonsters* (Goldmann 2008, Übersetzung: Jörn Ingwersen) sowie an erst jüngst entdeckten pastafarianischen Apokryphen. Die Originaltexte wurden neu und kindgerecht bearbeitet – vor allem an den nicht jugendfreien Stellen …

Inhaltsverzeichnis

In einer Zeit vor der Zeit selbst
war nichts außer dem Nichts. Und dem
Fliegenden Spaghettimonster.

Es erhob sich über das Chaos,
fiel aus seinem Bette
und landete hart auf dem Firmament.
Das war der Urknall.

Lange Zeit wussten die Menschen nicht, wie das Universum entstanden ist. Sie erfanden Geschichten von Göttern, die aus dem Nichts alles erschaffen hatten. Was natürlich gewisse Probleme aufwirft: Denn wenn es nichts gab, woher kamen dann die Götter? Doch diese Frage stellten sich die Menschen früher nicht.

Inzwischen geht die Wissenschaft davon aus, dass das Universum durch einen Urknall entstanden ist, mit dem auch Raum und Zeit entstanden. Was vor dem Urknall war und wodurch er ausgelöst wurde, das weiß die Wissenschaft noch nicht. Und da Raum und Zeit mit dem Urknall ja überhaupt erst entstanden sind, wird man es wahrscheinlich nie wissen.

Deshalb konnte bis heute auch noch niemand widerlegen, dass der Urknall tatsächlich vom Spaghettimonster ausgelöst wurde, als es aus seinem Bett fiel.

Am Anfang war das
Wort und das Wort war
„Arrrgh!“
Und das Wort schwamm
in der Nudelsuppe und
die Nudelsuppe war
beim Fliegenden
Spaghettimonster
und das Fliegende
Spaghettimonster war
die Nudelsuppe.

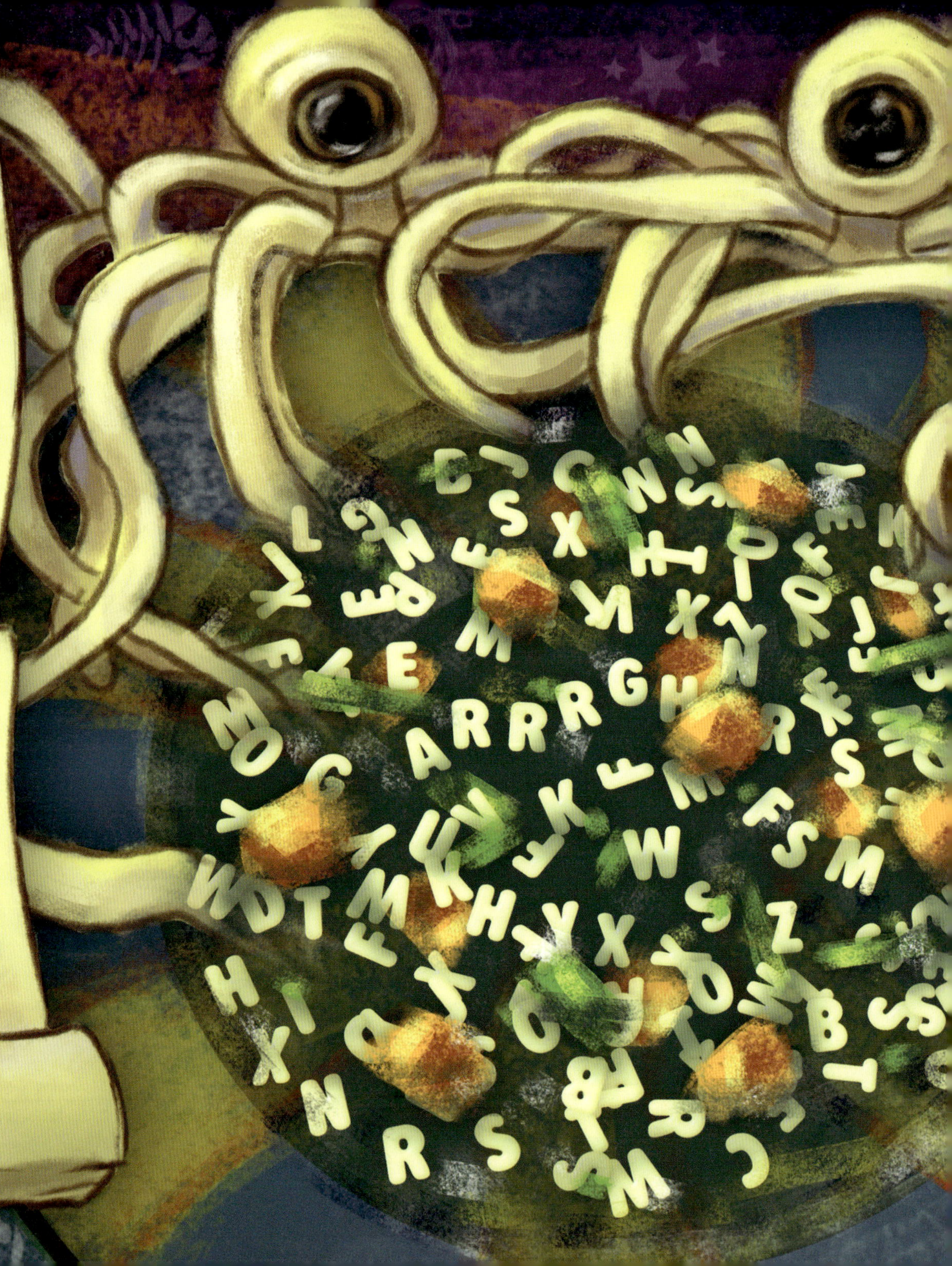

Mit oft rätselhaften Worten berichten viele Religionen von einem ursprünglichen Chaos, einem Urmeer oder einer Ursuppe, aus denen die geordnete Welt, die wir heute kennen, entstanden ist. Lange dachte man, dass dies einfach nur Geschichten sind, mit denen sich die Menschen den Beginn des Lebens auf der Erde erklärten, weil sie es einfach nicht besser wussten.

Doch erstaunlicherweise hält es die Wissenschaft heute durchaus für möglich, dass das Leben auf der Erde tatsächlich in einer Art Ursuppe entstand. In ihr schwammen einzelne Moleküle herum, die sich zu immer größeren Gebilden zusammenschlossen. Und so formte sich schließlich irgendwann das erste einfache Lebewesen, aus dem sich nach und nach alle weiteren Lebewesen auf der Erde entwickelten.

Vielleicht ist die pastafarianische Nudelsuppen-Offenbarung also doch mehr als nur eine Geschichte.

Eine sorgfältige Prüfung der Beweise zeigt, dass das Leben aus einfachsten Nudeln erschaffen wurde und dass alles Leben nach Seinem Ebenbild entstand:

Die **DNA**, der Baustein des Lebens, weist eine bemerkenswerte Ähnlichkeit mit Fusilli-Nudeln auf.

Jeder Mensch ist aus einer einzigen winzigen Zelle entstanden. Diese Zelle teilte sich immer und immer wieder und so setzte sich nach einem sehr intelligent designten Bauplan schließlich dein ganzer Körper zusammen. Eine Kopie von diesem Bauplan ist in all deinen Körperzellen vorhanden.

Doch wie genau aus dem Bauplan ein Mensch entsteht, das fand die Wissenschaft erst im 20. Jahrhundert heraus, als sie den Speicher für diesen Bauplan entdeckte: die DNA. Und die sieht aus wie eine Fusilli-Nudel – nur sehr viel kleiner.

Pastafaris betrachten dies als unumstößlichen Beweis, dass wir alle nach dem Ebenbild des Fliegenden Spaghettimonsters geschaffen wurden. Und tatsächlich hat die Wissenschaft bisher noch keine überzeugende Erklärung dafür liefern können, warum der Grundstein unseres Lebens ausgerechnet die Form einer Nudel hat.

Warum fallen Dinge nach unten und nicht nach oben? Diese Frage haben sich die Menschen schon in der Antike gestellt. Es entstanden einige komplizierte Theorien, die versuchten, dieses Phänomen zu erklären, das man „Schwerkraft" oder „Gravitation" nannte. Nach einer verbreiteten Theorie soll eine unsichtbare Kraft zwischen allen Dingen im Universum wirken, die dazu führt, dass sehr schwere Objekte (wie die Erdkugel) leichtere Objekte in ihrer Nähe (wie Menschen) anziehen.

Der Pastafarianismus jedoch hat eine weitaus weniger mysteriöse Erklärung für die Schwerkraft. Anhänger des Fliegenden Spaghettimonsters glauben, dass das Monster mit Seinen Nudeligen Anhängseln uns alle sanft und unsichtbar zur Erdoberfläche niederdrückt, weil es sich um die Menschen sorgt. Denn würden wir nach oben schweben und immer höher fliegen, so könnten wir irgendwann nicht mehr atmen, weil es dort oben im Himmel keinen Sauerstoff gibt.

Der Pastafarianismus ist mit dieser Vorstellung eine Besonderheit in der Welt des Glaubens. Während in vielen Religionen die Gläubigen in den Himmel erhoben werden, hält das Fliegende Spaghettimonster seine Gläubigen auf dem Boden der Tatsachen.

Die **Schwerkraft** ist eine seltsame und oft missverstandene Kraft. Auch sie verdanken wir **dem Fliegenden Spaghettimonster,** das uns mit seinen Nudeligen Anhängseln herunterdrückt auf die Erdoberfläche.

Vor etwa zweitausendfünfhundert Jahren enthüllte das **Fliegende Spaghettimonster** erstmals Seine Nudeligen Anhängsel vor uns und wies uns den Weg. Von diesem Zeitpunkt an wussten all jene, die auf Seine Botschaft hörten, dass wir auf bestimmte Art und Weise leben sollen – auf dem Wasser in großen Holzschiffen, beladen mit Grog und Beute. Das war Sein Wille und so geschah es.

In vielen Religionen gibt es ein „auserwähltes Volk". Eine Menschengruppe, die irgendein Gott besonders lieb hat und die sich dafür bedankt, indem sie besonders gottesfürchtig ist. Das auserwählte Volk des Fliegenden Spaghettimonsters sind die Piraten.

Doch nach und nach vergaßen die Menschen das Fliegende Spaghettimonster und mit dem schwindenden Glauben gab es auch immer weniger Piraten. Das jedoch hatte schlimme Folgen für die Menschheit. Denn im gleichen Maß, in dem sich die Zahl der Piraten verringerte, stieg die Temperatur der Erde an. Spaghettimonstergläubige sehen nur eine Lösung für das Problem: Um die Temperatur der Erde zu senken und dem Klimawandel entgegenzuwirken, muss es wieder mehr Piraten geben.

Andere Menschen behaupten, dass die Sache mit der gestiegenen Temperatur und der gesunkenen Zahl der Piraten nur ein dummer Zufall ist und dass die Erderwärmung ganz andere Ursachen hat. Mit Bestimmtheit wissen sie das jedoch nicht. Aber auch wenn sie recht haben: Wem schadet es schon, sich als Pirat zu verkleiden?

Die Zahl der Piraten aber schwand wie Staub im Wind und bald vergaßen die Menschen ihren Schöpfer.
Also stieg das
Spaghettimonster
hernieder aus dem Pastahimmel und offenbarte sich dem Geringsten unter seinen Geschöpfen:
Einem Physiker,
Seinem Propheten
Bobby Henderson –
gepriesen sei sein Name!

Götter sind zwar sehr mächtig, aber wohl auch sehr schüchtern. Jedenfalls scheinen sie häufig ein Problem damit zu haben, sich größeren Menschenansammlungen zu zeigen. Stattdessen offenbaren sie sich lieber nur einem einzigen Menschen, ihrem Propheten.

Propheten und Gründer von Religionen werden oft sehr reich, weil die Menschen ihnen Geld schenken, um die Götter gnädig zu stimmen.

Ob der Prophet Bobby reich ist, ist unbekannt. Das einzige Foto, das wir von Bobby kennen, zeigt ihn allerdings am Strand in einer Hängematte, was ein möglicher Hinweis sein könnte. Dass es von Bobby kein weiteres Foto gibt, hat einen Grund: Er teilt mit dem bekannten Propheten einer anderen populären Weltreligion das Unbehagen, abgebildet zu werden.

Die Wahrheit ist,
dass sich das

Fliegende Spaghettimonster

überall um uns
herum verbirgt.
Und Es hat uns Hinweise
hinterlassen wie
Brotkrumen, um uns den
Weg zu seiner
Ewigen Nudeligkeit
zu weisen.

Menschen sind schwach und verlieren leicht den Glauben. Doch weil die Götter um diese Eigenschaft ihrer Geschöpfe wissen, geben sie manchmal einzelnen Gläubigen Hinweise auf ihre Existenz. So gibt es Wolken, die aussehen sollen wie die Gottesmutter Maria, oder Toastbrote, in deren Röstung angeblich ein Abbild von Jesus erkennbar sein soll.

Erstaunlich ist, dass Gläubige bei solchen Sichtungen auf wundersame Weise immer nur die Gottheiten ihrer eigenen Religion erblicken. Das Fliegende Spaghettimonster bildet da keine Ausnahme. Es erscheint seinen Anhängern überall auf der Welt regelmäßig in Rankpflanzen und Kabelbäumen, Felseinkerbungen und Lichtblitzen.

Und wer weiß, vielleicht kannst auch du ein Zeichen des Fliegenden Spaghettimonsters entdecken, wenn du nur deinen Blick dafür öffnest und fest genug daran glaubst!

Kein Mensch ist perfekt. Deshalb kann es geschehen, dass verschiedene Menschen ihre Gottheiten in unterschiedlicher Weise verstehen. So dachten die Juden zuerst, sie hätten den richtigen Glauben an den einzig wahren Gott. Doch dann kam ein gewisser Jesus von Nazareth mit einem Glaubens-Update und begründete das Christentum. Ein paar Jahrhunderte später folgte Mohammed mit neuen Informationen über diesen angeblich einzig wahren Gott und gründete den Islam.

All diese Religionen berufen sich auf denselben Gott. Und jede von ihnen ist fest davon überzeugt, dass sie von allen am besten über diesen Gott Bescheid weiß. So war es nur eine Frage der Zeit, bis auch beim Spaghettimonster-Glauben neue Ideen auftauchten: Statt sich wie das ursprüngliche auserwählte Volk im Piratenoutfit zu kleiden, begannen einige Gläubige, zu Ehren des Spaghettimonsters ein Nudelsieb auf dem Kopf zu tragen.

Was dem Spaghettimonster nun lieber ist, kann niemand sagen. Doch gewiss ist: Ob Piratenhut oder Nudelsieb, alle glauben an dasselbe Spaghettimonster.

Also sprach das
Fliegende
Spaghettimonster:
„Am liebsten wäre mir,
du würdest die Leute
nicht danach beurteilen,
wie sie aussehen oder
wie sie sich anziehen
oder wie sie reden.
Seid einfach nett
zueinander, okay?"

Alles, was lebt, muss irgendwann sterben. Auch wir. Doch das ist gar nicht schlimm, sagen die Religionen, denn in Wahrheit werden wir nicht wirklich sterben, sondern auch nach unserem Tod weiterleben.

Allerdings erzählt jede Religion eine andere Geschichte davon, wie das Leben nach dem Tod aussieht. Die Germanen glaubten, dass Menschen, die im Kampf sterben, in Walhalla, dem Palast von Gott Odin, ein ewiges Fest feiern. Die Hindus meinen, dass man nach dem Tod in einer anderen Form wiedergeboren wird, zum Beispiel als Ameise. Die Christen sprechen vom himmlischen Paradies, ohne so recht zu wissen, was sie damit meinen. Einige von ihnen glauben jedenfalls, dass sie nach dem Tod mit Englein zusammen auf einer Wolke sitzen und Harfe spielen werden.

Auch im Spaghettimonster-Glauben gibt es ein Jenseits. Dort haben alle Menschen viel Spaß miteinander und es gibt einen Biervulkan. Doch aus dem Biervulkan fließt nicht nur Bier, sondern jedes Getränk, das man sich wünscht. Welche Religion mit ihrer Jenseitsvorstellung recht hat, wissen wir nicht, denn bis jetzt ist noch niemand aus dem Tod zurückgekehrt, um zu berichten.

Das **Spaghettimonster** sprach:
„Es möge ein Vulkan entstehen,
der Bier speit!"
Und der Vulkan spie Bier.
Und das **Spaghettimonster** kostete
von dem Bier und schmeckte,
dass es gut war.

Nun hast du sehr viel über das Fliegende Spaghettimonster gelernt. Aber stimmt das auch alles? Vielleicht ist ja alles nur Unsinn, was in diesem Buch steht. Erwachsene erzählen Kindern nämlich oft unsinnige Geschichten – besonders wenn es um Religionen geht.

Das wissen auch diejenigen, die an das Fliegende Spaghettimonster glauben. Deshalb sind sie besonders empfindlich, wenn ihnen jemand erzählt, dass etwas wahr ist und auf keinen Fall bezweifelt werden darf. In den Religionen findet man solche Aussagen häufig. Dort werden sie „Dogmen" genannt.

Ob das, was in diesem Buch steht, wahr ist oder nicht, musst du also selbst herausfinden …

FSM-Gläubige
lehnen Dogmen ab.
Was nicht heißen soll, dass wir nicht glauben, dass wir recht haben. Natürlich tun wir das! Wir behalten uns lediglich vor, unsere Überzeugungen auf-grund neuer Beweise oder eines besseren Verständnisses der alten Beweise zu ändern. Unsere Ablehnung von Dogmen ist so stark, dass wir sogar die Möglichkeit in Betracht ziehen, dass es überhaupt kein
Fliegendes Spaghettimonster
geben könnte.

Nachwort

Religiosität ist eine Fähigkeit, die wir alle in uns tragen. Doch damit sie zu voller Pracht erblühen kann, ist es wichtig, sie bereits im Kindesalter zu fördern – ebenso wie dies auch bei der Schulung der Musikalität geschieht. Mit welchem Glauben die religiös-musikalische Früherziehung stattfindet, ist egal, denn auch die Musikalität eines Kindes entwickelt sich unabhängig vom ersten Instrument, das erlernt wird – sei es das majestätische Klavier, die sanfte Harfe oder der schrille und etwas skurrile Dudelsack.

Schrill und etwas skurril – also quasi der Dudelsack unter den Religionen – so mag manchen auch der Pastafarianismus vorkommen, der Glaube an das Fliegende Spaghettimonster. Einige wollen diesem Dudelsack sogar absprechen, ein Musikinstrument zu sein, bloß weil ihnen der Klang nicht gefällt.

Die Aufklärung Erwachsener über diese unterschätzte, jedoch sehr gehaltvolle Religion tut also ebenso Not wie die Förderung der religiösen Musikalität junger Menschen, die übrigens schon im Evangelium des Fliegenden Spaghettimonsters als Gläubige hervorgehoben werden. „Kinder sind im Allgemeinen nicht besonders helle und können leicht zum FSMismus bekehrt werden – besonders durch die Erwähnung von Piraten", ist dort zu lesen. Eine Aussage, die häufig missverstanden wird und im Kontext des Glaubens interpretiert werden muss: Kinder sind natürlich nur deshalb nicht besonders helle, weil sie erst noch erleuchtet werden müssen. Möge dieses kleine Buch einen bescheidenen Beitrag hierzu leisten.